D1749629

Herzlichen Glückwunsch zum
Geburtstag!

Herzlichen Glückwunsch zum
Geburtstag!

Ein Glückwunschbuch für alle,
die sich auf ihr nächstes Lebensjahr(zehnt) freuen!

Von Alexander Tetzlaff
mit Zeichnungen von Betty Sack

TOMUS

© Tomus Verlag GmbH, München 1990
Alle Rechte der Verbreitung, auch durch Fernsehen, Funk, Film,
fotomechanische Wiedergabe, Bild- und Tonträger jeder Art,
sowie auszugsweiser Nachdruck vorbehalten.
Gesamtherstellung: Wiener Verlag
7 8 9 10   98 97 96 95
Auflage   Jahr
(jeweils erste und letzte Zahl maßgeblich)
ISBN 3-8231-0252-4

A

Abend

Teil des Tages, der für normale Sterbliche, die zur Schule, zur Uni, zur Arbeit gehen oder als Hausfrau und Mutter tagsüber ihren Pflichten nachkommen müssen, nun einmal am besten zum Feiern und Gefeiertwerden geeignet ist. Nur an sogenannten „runden" Geburtstagen oder bei Prominenten setzen Trachtenkapellen mit Geburtstagsständchen schon am frühen Morgen einen ersten Höhepunkt, gefolgt von Gratulationscour oder Brunch am Vormittag, der Kuchenschlacht am Nachmittag. Falls nicht auch noch ein großes Diner angesetzt ist, bei dem womöglich „Abendgarderobe" vorgeschrieben wird, beginnen für das Geburtstagskind die schönsten Stunden am Abend – spätestens dann, wenn der letzte Gast gegangen ist.

Abendgarderobe

Bei „groß" zu feiernden Geburtstagen, zu denen die Gäste mit eigens gedruckten Einladungen gebeten werden, drohen in kleingedruckten Zusätzen häufig modische Begriffe wie „Smoking" und „Abendkleid". Erfahrene Partygänger lassen sich davon nicht schrecken. Sie haben längst den passenden Abendanzug im Schrank oder im Leihhaus. Für Damen dagegen beginnt das schmeichelhafte Vergnügen, zu den geladenen Gästen zu gehören, in der Regel mit einem Angriff auf die Brieftasche des Ehemanns oder das eigene Bankkonto. Wer von der Stange kauft, tut gut daran, Kleidungsstücke zu kombinieren: Das mindert die Gefahr, einer ungeliebten Geschlechtsgenossin im selben Kleid gegenüberzustehen.

abfüttern

Begriff, den kluge Gastgeberinnen aus dem bei Kindergeburtstagen gesammelten Erfahrungsschatz in die Jetztzeit ihres Lebens herübergerettet haben. Ob es darum geht, einen 18ten, 28ten, 38ten, 48ten, 58ten, 68ten, 78ten oder 88ten Geburtstag auszurichten: Die wichtigste Maxime muß immer lauten, die Mäuler der Gäste zu stopfen. Ein voller Magen meckert nicht.

achtzehn

Magische Zahl für alle, die ihrer Volljährigkeit entgegenfiebern, weil sie nicht schnell genug in den Genuß der sogenannten „bürgerlichen Rechte" kommen können. Die Erfahrung, daß das Leben nach dem 18ten Geburtstag auch nicht viel anders verläuft als vorher, gilt als Teil eines Reifeprozesses, der bei den meisten Menschen auch beim Abschied aus dem Jammertal der Irrungen und Wirrungen nicht abgeschlossen ist.

Adrenalin

Hormon des Nebennierenmarks, das bei Erregungszuständen ausgestoßen wird und zur Belebung aller Körperfunktionen dient. Das auslösende Moment kann auch positiver Natur sein, z. B. ein freudiger Schreck, wie ihn ein weibliches Geburtstagskind beim Anblick eines einkarätigen Brillantrings empfände, wenn der Freund, der Geliebte oder womöglich der eigene Mann ein derartiges Angebinde überreichte. Da allzuviel Adrenalin als ungesund gilt, hält sich der Mann, der seine Angebetete von Herzen liebt, mit derartigen Geschenken in ihrem Interesse weise zurück.

Alkohol

Sorgt für Stimmungshochs bei Geburtstagsfeiern – und für den Kater danach.

Alkohol

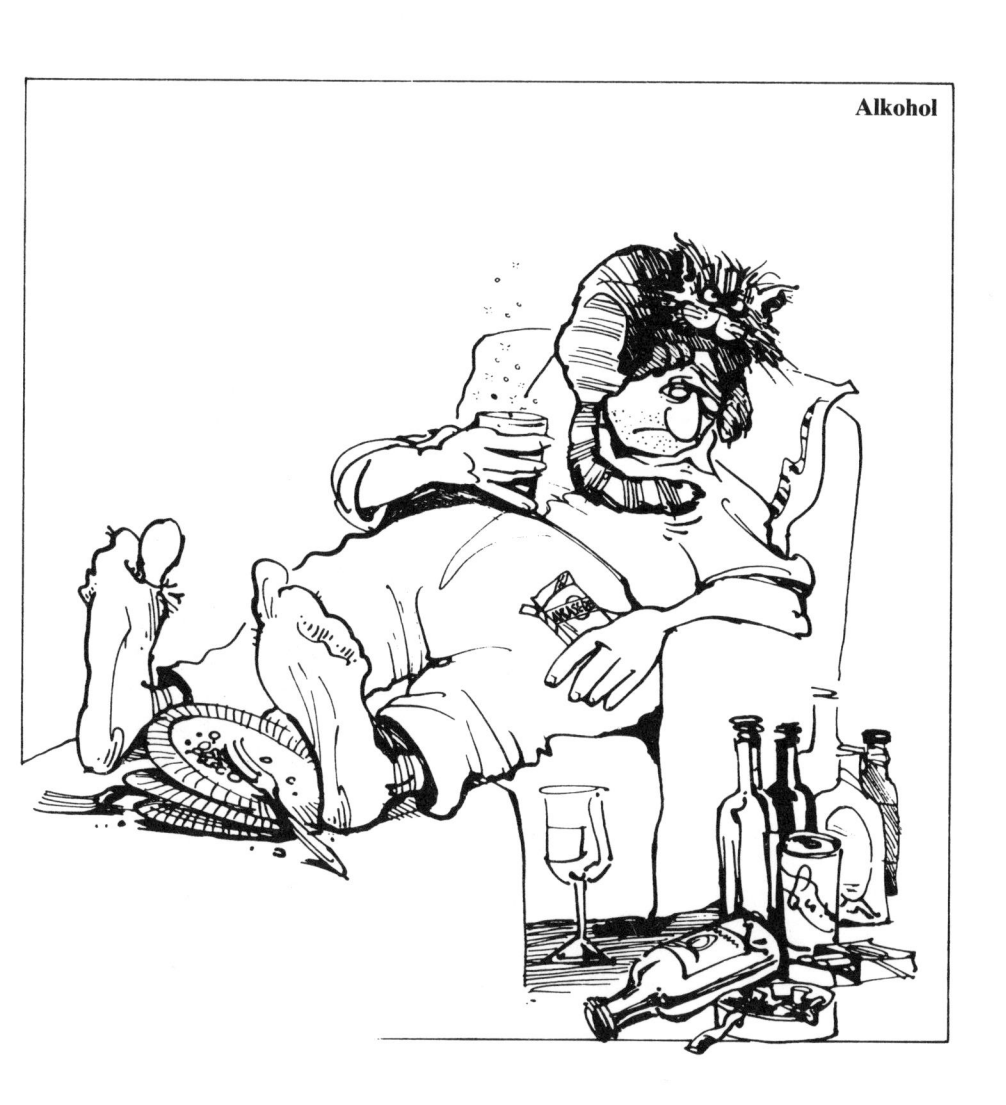

alt

alt

Relativer Begriff, wie in Teenager-Sprüchen „Trau keinem über dreißig!" überzeugend zum Ausdruck kommt. Da bekanntlich jeder so alt ist, wie er sich fühlt, gibt es in der „Null-Bock-Generation" erstaunlich viel alte Junge, unter den älteren Jahrgängen mehr junge Alte.

B

Baby

Winzform des Menschen, in der sich jeder einmal befunden hat, als er noch im Kinderwagen lag und der verzückten Ahs und Ohs von Tanten, Omas und Wildfremden sicher sein konnte. Das Prädikat „Wie süß!" begleitet allenfalls Mädchen bis zu ihrem 25sten Geburtstag und macht danach einer etwas differenzierteren Betrachtungsweise Platz. Tip: Das Aufspüren von Baby-Fotos betagter Jubilare und ihre Präsentation auf „runden" Geburtstagen der Betreffenden schmeichelt ihnen meistens und ist immer ein großer Heiterkeitserfolg.

Backen

Pflichtübung jeder darin geübten Mutter aus Anlaß des Geburtstags eines ihrer Sprößlinge. Die unter Mutterhänden entstehenden Backwerke zeichnen sich in der Regel durch Geschmacksnuancen aus, die beim Probieren ein verzücktes Lächeln auf die Züge der Gebutstagsgäste zaubern. Das Geheimnis, das jene Wunderwerke den Backkunstwaren der Konditoren voraus haben: Sie enthalten eine Ingredienz, die es nirgends zu kaufen gibt. Sie sind mit LIEBE gebacken.

Bier

Unverzichtbarer Durstlöscher an Männer-Geburtstagen, speziell wenn sie in Stammkneipen, an warmen Sommerabenden oder auf Reisen in der Einsamkeit einer fremden Hotelbar gefeiert werden. Wer sich damit einen Rausch antrinkt, folgt zumindest in Deutschland der Stimme seines Blutes. Hier hat das Biertrinken jahrtausendealte Tradition. Die deutschen Sprachforscher Grimm kamen zu dem Schluß, unser Wort „Bier" müßte vom lateinischen „bibere" abgeleitet sein, und das heißt nichts anderes als „trinken".

Bild

Bewährtes Geschenk, das vor allem von Gästen überreicht wird, die sich für künstlerisch begabt halten und das Geburtstagskind mit einer individuell gestalteten Gabe überraschen wollen. Mit zunehmender Freizeit wird die Gefahr, derart bedacht zu werden, von Jahr zu Jahr größer, zumal die Hobbykünstler immer häufiger dazu übergehen, ihr Werk bereits gerahmt zu verschenken – ein unmißverständlicher Hinweis darauf, daß sie es bei ihrem nächsten Besuch irgendwo aufgehängt bewundern wollen. Tip: Selbst zu zeichnen beginnen.

blau

Bezeichnung für eine Farbe, die dazu herhalten muß, den Zustand des Himmels wie eines Betrunkenen zu beschreiben. Beide sind den Realitäten weit entrückt; das ist aber auch das einzig Gemeinsame.

Blumen

Erfreuen Auge und Herz der Beschenkten solange, bis die letzte Vase im Haus voll ist.

Broiler

In westdeutschen, erst recht aber in angelsächsischen Ohren seltsam klingende Wortschöpfung, mit der

Bild

Busserl, Bussi

jahrzehntelang auf dem Gebiet der DDR Brat- oder Grillhähnchen apostrophiert wurden. Abgeleitet von „to broil", englisch für „grillen" und „braten". Damit einer der wenigen Anglizismen, um die unsere mitteldeutschen Landsleute den Duden „bereicherten". Damit es auf gesamtdeutsch gefeierten Geburtstagen nicht zu babylonischer Sprachverwirrung kommt, sei die Bezeichnung „Broil-Hendl" empfohlen.

Brunch

Aus den englischen Wörtern für Frühstück „Breakfast" und Mittagessen „Lunch" zusammengesetztes Kunstwort, das längst fester Bestandteil des deutschen Sprachgebrauchs geworden ist. Schließt sich häufig beinahe nahtlos an vorabendlich begonnene Feten an. Wer seinen Geburtstag mit einer Einladung zum Brunch beginnt, muß sich darüber im klaren sein, daß der sogenannte „harte Kern" der Festgesellschaft, also die Unentwegten und Trinkfesten, auch erst lange nach Mitternacht das Haus verlassen.

Buch

Für alle, auf die der Kalauer „Ein Buch für mich? Nein, danke, ich habe schon eines!" nicht zutrifft, begehrtes Geschenk. Bücher wie dieses fördern den Trend zum Zweitbuch und sind dank der unnachahmlichen Kürze ihrer Begriffsdefinitionen und der konsequenten Karikatur-Beigaben hervorragend geeignet, als geheime Verführer auch eingefleischte Nichtleser in die Zauberwelt der Literatur einzuführen.

Busserl, Bussi

Begrüßungsform, ursprünglich vor allem im südmitteleuropäischen, vor allem blaublütigen Jet-set verbreitet: der Wangenkuß, wobei bei Rechtshändern der linke vor dem rechten gesetzt wird, und umge-

Chef

Frag' Ihn doch endlich nach Deiner Gehaltserhöhung!

kehrt. Inzwischen auch in bürgerlichen Kreisen und sogar unter Nordlichtern weit verbreitet, in Italien sowieso. Dieser doppelte Wangenkuß fällt bei Frauen um so flüchtiger aus, je verfeindeter sie miteinander sind, bleibt dennoch hervorragend geeignet, die wahren Gefühle zu verbergen.

C

Champagner

Wohl der einzige Schaumwein, der seine Marktstellung einem Friedensvertrag verdankt: die Bezeichnung „Champagner" wurde 1919 im Versailler Vertrag allein auf Sektsorten aus dem 34.000 Hektar großen Gebiet „Champagne viticole délimité" um Marne, Aube und Aisne herum beschränkt. Wer auf seinem – dann meistens runden – Geburtstag die Puppen richtig tanzen lassen will, läßt echte Champagner-Korken knallen. Kenner weichen auf Jahrgangssekte nichtfranzösischer Provenienz aus, wenn auch nicht gerade bis auf die Krim und nach Spanien.

Chef

Die Frage, ob man seinen Chef zu seinem Geburtstag einladen soll oder besser nicht, läßt sich leicht durch eine Gegenfrage beantworten: nur wenn man auch von ihm eingeladen werden würde. In jedem Fall gilt sein Erscheinen wie das Zu-ihm-kommen-Dürfen als besondere Ehre. Karrierebewußte vermeiden es als Gastgeber wie Gast, das große Wort zu führen, schon gar keine Widerrede, mehr als den Anstandstanz mit seiner Frau zu wagen, ihm zu vorgerückter Stunde das Du anzubieten und auf seiner Fete unter Absingen schmutziger Lieder als Letzter zu gehen.

Coca

Bräunlich gefärbtes Gesöff, das Durst macht, auf Geburtstagen von – auch inzwischen älter gewordenen – Teens und Twens anstelle von Champagner als High-Macher angeboten werden kann. Wird von Snobs nur mit Champagner versetzt angenommen.

crisis, Midlife-

Laut Duden „Vor allem in bezug auf Männer: Phase in der Mitte des Lebens, in der der Betroffene sein bisheriges Leben kritisch überdenkt, gefühlsmäßig in Zweifel zieht; Krise des Übergangs vom verbrachten zum verbleibenden Leben". Seit diese Begriffsdefinition geschaffen wurde, hat die Emanzipation derart große Fortschritte gemacht, daß sich inzwischen auch Frauen jeden Standes den Luxus einer Midlifecrisis erlauben – nur fangen sie damit, obwohl ihre Lebenserwartung rein statistisch doch viel größer ist, meistens sehr viel früher an, z. B wenn ein Kinderwunsch bald nicht mehr erfüllbar ist. Ein Mann muß nach anderen Gründen suchen – ab 45 gibt es genug.

D

dabeisein

Vor allem bei Prominenten-Geburtstagen sehnlichster Wunsch all derer, die nicht dabeisein dürfen – weil sie nicht eingeladen worden sind.

Dankeswort

Kommt dem erfahrenen Geburtstager auch dann flüssig über die Lippen, wenn er die vierte Flasche Weinbrand aus dem Geschenkpapier schält, obwohl doch alle wirklichen Freunde wissen müßten, daß er inzwischen Antialkoholiker ist. Bei weiblichen Geburtstagern gilt

crisis, Midlife-

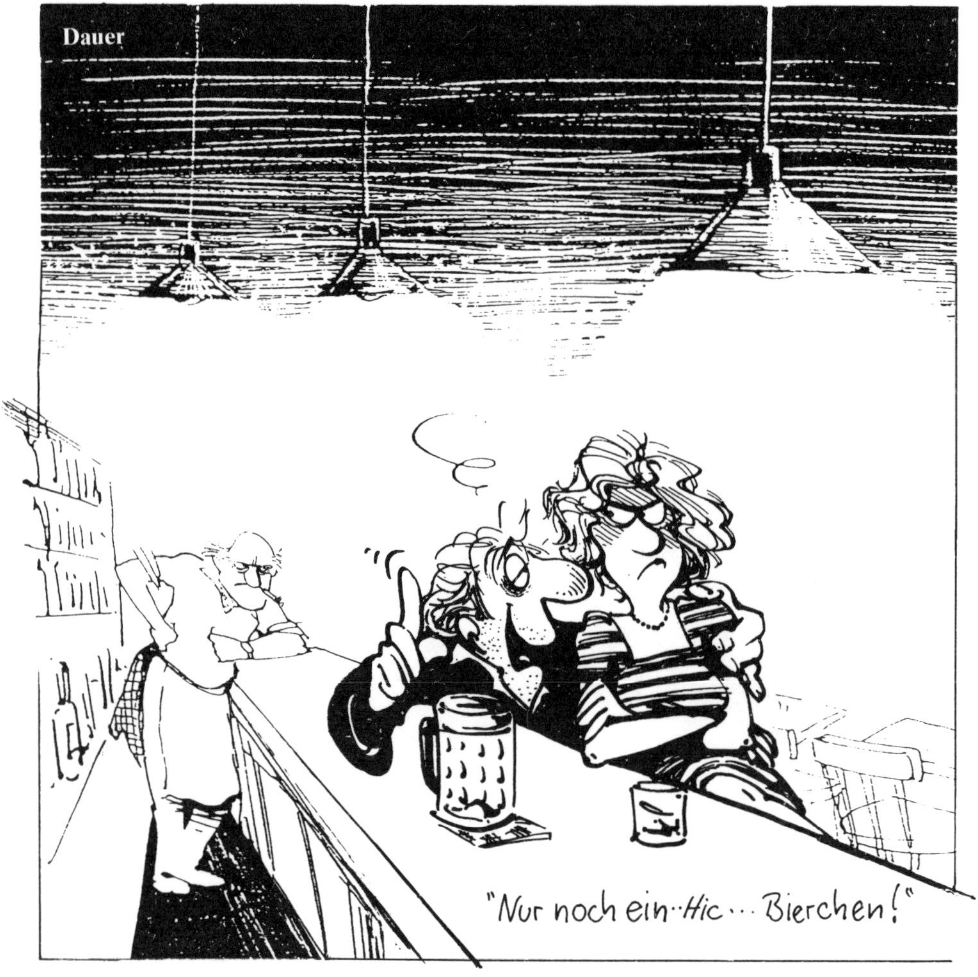
Dauer
"Nur noch ein··Hic··· Bierchen!"

das Dankeswort allzu häufig Blumen oder Vasen („Wie nett von dir – kann man nie genug haben!").

Dauer

Im wahren Sinn des Wortes: dehnbarer Begriff. Wie lange z. B. eine Geburtstagsfete dauert, hängt von so vielen Unwägbarkeiten ab, daß vernünftige Prognosen unmöglich sind. Kluge Gastgeber verlegen die Feier des Geburtstags in Gaststätten, für die die Sperrstunde gilt, oder lassen die Alkoholika so rechtzeitig ausgehen, daß sie beim Abschieben der standhaftesten Trinker keine Gewalt anwenden müssen.

Dichterwort

Sollte jeder Gast einer Geburtstagsfeier für den Fall parat haben, daß ein sogenanntes „Gästebuch" herumgereicht wird. Dabei zu verwendende Sinnsprüche sollten, wie der Name schon sagt, einen vernünftigen Sinn ergeben. Man schreibt also nicht einfach frei nach Matthias Claudius „Greif nicht in ein Wespennest/ Doch, wenn Du greifst, so greife fest!", sondern eher nach Herder „Eine schöne Menschenseele finden, ist Gewinn!"

Dreirad

Bewährtes Geburtstagsgeschenk für Kinder im Vorschulalter, aus dem später ein Fahrrad, dann ein Moped und zu guter Letzt für die über Achtzehnjährigen ein Auto wird. Erwachsene Kinder sind glücklicherweise für ihr Fortbewegungsmittel selbst verantwortlich. Der rote Porsche vor dem Studentenwohnheim ist in der Regel kein väterliches Geburtstagsgeschenk, sondern gehört entweder ihm oder der Freundin oder einer Leasing-Gesellschaft.

Ei

Erwin bist Du's?
Tut mir leid, es muß eine Verwechslung sein!

durchfeiern!

Schlachtruf Unentwegter – das größte Kompliment für Gastgeber und Gastgeberin.

E

Ehrung

Zeremoniell, dem eine besondere Leistung vorausgegangen sein muß – es sei denn, es handelt sich bei dem zu Feiernden um ein gekröntes oder sonstwie hervorragendes Oberhaupt. Dem normalen Sterblichen bleibt eine derartige offizielle oder zumindest halboffiziöse Dankesbezeugung in feierlichem Rahmen, die mit schier endlosem Händeschütteln verbunden ist, in der Regel zeitlebens erspart, falls er nicht das Glück hat, gesund alt zu werden wie Methusalem. Zum hundertsten Geburtstag erscheint sogar der Bürgermeister im Altersheim.

Ei

Gelege von Vogelartigen, das wegen seiner charakteristischen Form gern zur Beschreibung menschlicher Ähnlichkeit herangezogen wird. Daß sich eineiige Zwillinge „wie ein Ei dem anderen gleichen", leuchtet den Betroffenen meistens noch ein. Wenn aber Kinder größer werden und plötzlich den Vergleich mit Onkeln oder Tanten aushalten müssen, die sie vorher eigentlich nie so richtig gemocht haben, hört der Spaß auf, zumindest für sie selbst.

Einladung

Sesam-öffne-dich für begehrte Geburtstagsfeten; setzt meistens eine vorangegangene eigene Einladung voraus. Vorsichtige Gastgeber versehen eigens für diesen Zweck gedruckte oder gekaufte Karten mit dem Zusatz „u.A.w.g.", die Abkürzung von „um Antwort wird gebeten". Das erleichtert die Planung und ist, falls am selben Tag Konkurrenzfeten stattfinden, ein vorzüglicher Gradmesser für die eigene Beliebtheit.

Eltern

Engste Bezugspersonen jedes Geburtstagskindes, wie alt es auch ist. Zumal ohne den von ihnen vollzogenen Zeugungsakt eigentlich gar kein Grund zum Feiern bestünde.

Empfang

Abart einer zünftigen Geburtsgaudi, bleibt Prominenten vorbehalten, die aber in der Regel bereits – möglichst in Ehren – ergraut sein müssen. Wie gut man als Eingeladener einen solchen Empfang übersteht, hängt mit der Qualität und vor allem der Quantität des gebotenen Imbisses, vor allem aber von der Bequemlichkeit des selbst gewählten Schuhwerks ab. Denn wer zu einem Empfang lädt, signalisiert damit unausgesprochen, daß er nicht genügend Stühle zur Verfügung hat.

Ende

Der Binsenweisheit, daß jedes Fest irgendwann einmal ein Ende findet, kann man als Gastgeber ein „open end" entgegensetzen, was soviel heißt wie „Wann der Letzte geht, bestimmt er selbst". Wer auf diese Weise die Unentwegten zum Ausharren auffordert, sorgt für sich selbst am besten für ein Ausweichquartier.

eröffnet, ist . . .

Zauberwort, das geschulte Gäste auf Geburtstagsfeiern in unmittelbarer Nähe des Kalten Buffets abwarten.

Eltern

Falten

F

Falten

Machen jedem Geburtstagskind mit zunehmendem Alter beim Blick in den Spiegel klar, daß das Leben auch an einem Sonny Boy oder Girl nicht spurlos vorübergeht. Kluge Mitmenschen begrüßen jede neue Falte mit dem Lächeln des Weisen – schließlich sind sie die unverwechselbare, einmalige Visitenkarte eines jeden Gesichts.

Fahrrad

Ungemein wichtiges Geburtstagsgeschenk, verhilft es doch beim erstenmal zu lang ersehnter Mobilität: Dreirad ade! Jetzt kann man zusammen mit den Erwachsenen um die Wette strampeln. Das Fahrrad zum vierzigsten Geburtstag muß dagegen als gut gemeinte Aufforderung verstanden werden, sich der Gesundheit zuliebe etwas mehr zu bewegen – vor allem, wenn das Fahrrad ein „Home-Trainer" ist.

Faß aufmachen

Feucht-fröhliche Ankündigung, der – speziell in Bayern – Taten folgen müssen. Wird ein Bierfaß angezapft, ist es traditionell Aufgabe des Hausherrn, den Zapfhahn ins Spundloch zu treiben. So hängt es allein von seiner Geschicklichkeit ab, wieviel Gerstensaft er bei dieser Übung verspritzt.

Festessen

Üppiges Geburtstagsmenü, dessen ausgeklügelte Speisenfolge häufig auf eigens dafür gedruckten Speisekarten für die Ewigkeit festgehalten wird. Ihr Anblick entlockt den geladenen Gästen in der Regel bewundernde Ahs und Ohs und die schnell dahingeworfene Bemerkung, das könne man selbst nie schaffen. Die Zahl derer, die dann tatsächlich einen Gang auslassen, ist meistens an den Fingern einer Hand abzuzählen. Merke: Auch in einer Wohlstandsgesellschaft gilt die Lebensweisheit „Der Appetit kommt beim Essen!"

Feuerwerk

Höhepunkt von Geburtstagfeten, die im Volksmund als „rauschende Feste" bezeichnet werden. Hervorragende Gelegenheit, öffentlich zu zeigen, daß man als Gastgeber bereit (und in der Lage) ist, sein Geld schnell zu verpulvern. Was bleibt, ist die Erinnerung.

Fleurop

Geniale Erfindung, die es möglich macht, Blumen zu verschenken, ohne weite Wege zu machen und sie selbst überreichen zu müssen. Je prominenter der/die Beschenkte und je bedeutender der Anlaß, desto üppiger die einheimische und die fremde Flora, die sich im Hause sammelt. Sobald die Vasen ausgehen, wandelt sich Segen in Fluch.

G

Gästebuch

Erfindung des Teufels, die vor allem eingeladene Dichter und sonstige Skribenten in Angst und Schrecken versetzt, erwartet man doch gerade von ihnen die originellsten Sprüche und Bemerkungen, und das zu vorgerückter Stunde und coram publico. Der normale Gast gibt am besten Vorgedachtes von sich, wie „Wem das Glück aufspielt, der hat gut tanzen" oder „Blöder Hund wird selten fett".

Gedicht

Nach dem Motto „Reim dich, oder ich freß dich!" in Versform gebrachte Laudatio auf das Geburts-

Fleurop

Geburtsminute

tagskind, das dem/der Gefeierten peinliche Minuten, manchmal gar Viertelstunden bereitet – um so mehr, je ausgeprägter seine Liebe zu den schönen Künsten ist (Bemerkung zur Versöhnung aller Hobbydichter, die dieses Buch verschenken wollen oder geschenkt bekommen haben: Es soll auch schon Versschmiede mit gelungenen Elaboraten gegeben haben!).

Geschenke

Zeichen des Wohlwollens, das ein Gast dem Geburtstagfeiernden entgegenbringt. Über die Schwierigkeit, zum richtigen Geschenk zu gelangen, wird unter „Präsent" kurz resümiert.

Geschmack

Darüber läßt sich bekanntlich trefflich streiten. Daß der Geschmack der Menschen grundverschieden ist, hält eine ganze Industrie am Leben – die Geschenkartikler. Probleme bereiten vor allem Geschenke, die so geschmacklos sind, daß man sie guten Gewissens nicht einmal weiterverschenken kann.

Geburtsminute

Augenblick, der nach Meinung überzeugter Astrologen über das Schicksal eines Menschen entscheidet, weil die Konstellation der Sterne seinen Lebenslauf bestimmen soll. Ist meistens nicht so genau festgehalten, daß danach abgegebene astrologische Prognosen auch stimmen müßten. Der Dichter hat den Trost parat: „In deiner Brust sind deines Schicksals Sterne!"

Geburtstagswunsch

Ließen sich in jungen Jahren noch ganze Listen damit füllen, reduziert sich das Anspruchsdenken mit zunehmendem Alter auf zwei fromme

Wünsche: Gesundheit und Zufriedenheit!

Geschwister

Freunde, die man sich nicht aussuchen kann.

Glückwunschkarte

Segensreiche Erfindung darauf spezialisierter Verlage, auf denen vorgedruckt ist, was man sich als Gratulant sonst selbst ausdenken müßte. Steigerungsform: Glückwunschbuch – wie zum Beispiel dieses.

Großeltern

Für die eigene Existenz genauso unabdingbar wie die eigenen Eltern. Sind bei Geburtstagskindern häufig in der Beliebtheit ganz vorn, weil sie für die Erziehung nicht mehr zuständig sind und Strenge durch Güte ersetzen können. Daß ihre Ansichten als altmodisch angesehen werden können, auch wenn sie richtig sind, verleiht Oma und/oder Opa den Charme des/der Weisen und sorgt für die Harmonie, die von einem bestimmten Lebensalter an mit Eltern so schwer herzustellen ist. Hinzu kommen zwei unbestreitbare Vorteile: Großeltern haben für Geburtstagsenkelkinder – meistens! – Geld und – meistens! – Zeit.

groß sein

Wunsch aller Kinder bis zu dem Geburtstag, an dem das Ziel erreicht ist. Danach wird solange drauflos gelebt, bis sich der Wunsch ins Gegenteil verkehrt und man die ewige Jugend zu beschwören versucht. Wer klug ist, wird einfach älter – weil es ohnehin nicht zu ändern ist.

groß sein

H

Happy birthday

Das einzige Lied, das bei Geburtstagsfeiern vielkehlig angestimmt werden kann – weil die meisten zumindest die erste Zeile auswendig können und es auch international angewandt werden kann. In der Bekanntheitsskala folgt „Ich freue mich, daß ich geboren bin und hab' Geburtstag heut'..." – ein Solopart des Geburtstagskinds und schon aus dem Grund für den Chorgesang weniger geeignet. Besser ist da schon: „Hoch soll er leben..." In diesem Sinne: Dreimal hoch!

Hauptperson

Das, was jeder immer gern wäre, aber nur einmal im Jahr ist, an seinem Geburtstag – es sei denn, er kam als Zwilling zur Welt.

hochleben lassen

Wichtigste Aufgabe geladener Geburtstagsgäste, der sie sich mit größter Bravour widmen sollten.

Hoffnung, insgeheime

Daß die vielen guten Wünsche der Geburtstagsgratulanten ehrlich gemeint sind und dann auch tatsächlich in Erfüllung gehen.

Honneurs

Bezeichnung für die Ehrenbezeigungen, die man früher hochgestellten Persönlichkeiten bezeugte. Seit die Standesunterschiede weder vom Adel der Geburt noch der Gesinnung, sondern vor allem vom Geld bestimmt sind, zu Recht außer Mode gekommen.

Horoskop

Zur täglichen Unterhaltung in der Boulevard-Presse verkommene

Horoskop

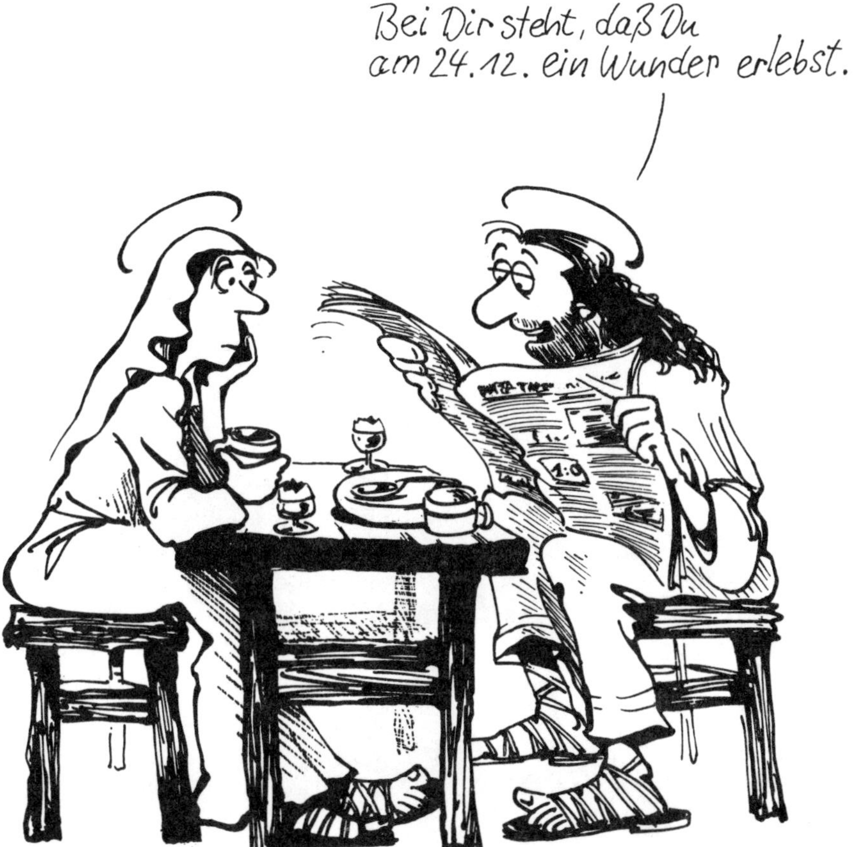

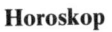

Illusion

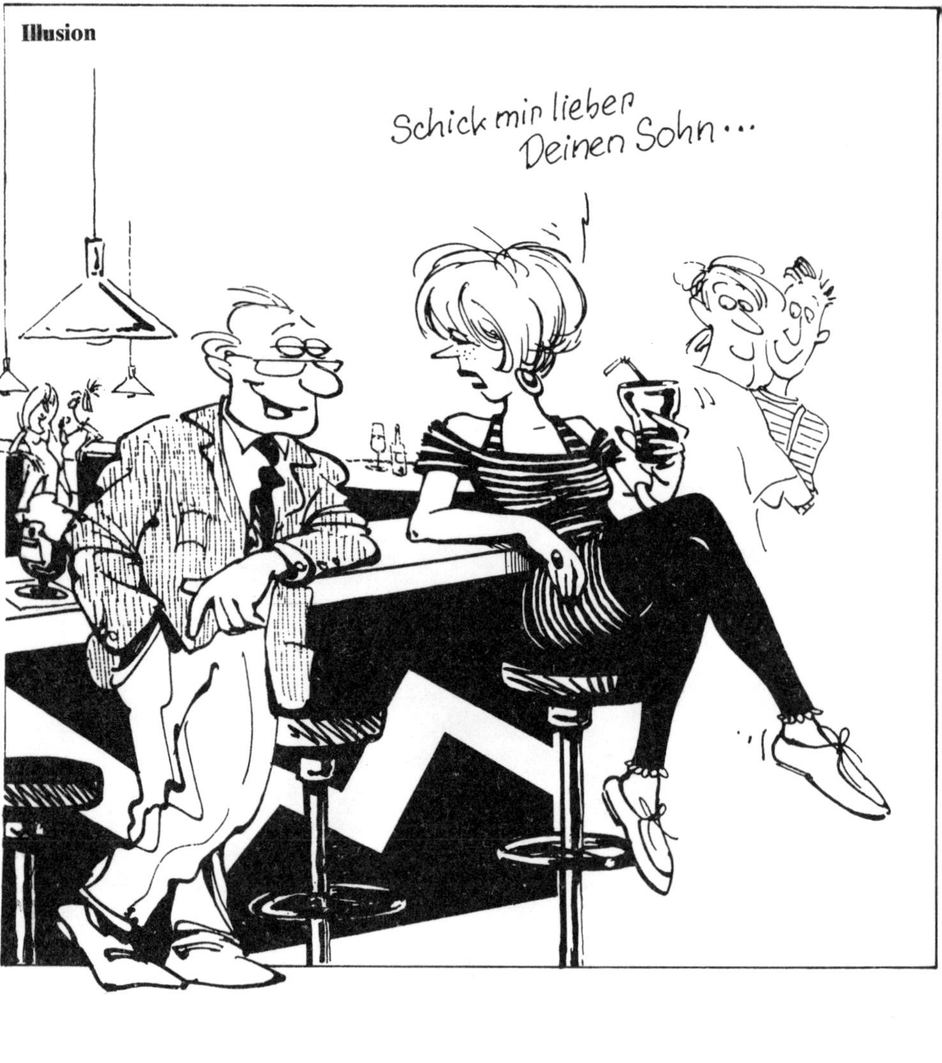

Schicksalsbestimmung, von der niemand sagen kann, ob sie es tatsächlich verdient, ernst genommen zu werden oder nicht. Wer danach lebt, weiß nie, ob er richtig lebt – auf keinen Fall besser.

hundertjährig

Die Schar derer, die so alt und älter werden, wächst von Jahr zu Jahr. Daß auch Sie als Leser dieses Buches eines Tages sagen mögen: Endlich hundert! wünscht natürlich der- oder diejenige, die Ihnen dieses Buch geschenkt haben (und natürlich bei bester Gesundheit – dann macht Altwerden schließlich richtig Spaß!).

I/J

ich

Personalpronomen, das schon von Kindesbeinen an zumindest an einem Tag von Herzen benutzt werden darf, ohne daß man sich dabei des Vorwurfs der Selbstüberheblichkeit aussetzte: dem eigenen Geburtstag. Endlich dreht sich einmal alles um die Person, die verdientermaßen eigentlich immer im Mittelpunkt stehen müßte – um einen selbst.

Illusion

Beliebtes Fluchtmittel, der rauhen Wirklichkeit zu entkommen. Eine der größten Illusionen, der auch der Klügste unterliegt, ist eng mit der Frage des Lebensalters verbunden, die sich an jedem Geburtstag neu stellt. Ist man wirklich noch genauso jung, wie man sich fühlt? Auch ein schon achtzigjähriger Mann schaut eine Zwanzigjährige nicht mit anderen Augen als mit zwanzig an. Nur erwidert sie seinen Blick nicht mehr, – was heutzutage aber auch 30jährigen Männern nicht anders geht, wie der Szenespruch „Trau keinem über dreißig!" beweist.

Jahrgang

Aus der Welt von Kommiß und Krieg in die europäische Neuzeit überlieferter Begriff, der heute glücklicherweise hauptsächlich im Zusammenhang mit Weinkauf und -verkosten benutzt wird: „Welcher Jahrgang?" Früher entschied die Frage womöglich über Tod und Leben, nämlich darüber, ob ein Mann zum Kriegsdienst eingezogen wurde und politisch Farbe bekennen mußte oder noch nicht. In engem Zusammenhang mit der Jahrgangszugehörigkeit stand auch die sogenannte „Gnade der späten Geburt".

Jahrzehnt

Dauert in jungen Jahren eine kleine Ewigkeit und verkürzt sich auf magische, unerklärliche Weise mit zunehmendem Alter immer mehr. Den jeweiligen Abschluß eines Jahrzehnts bildet dann der „runde Geburtstag (siehe dort!).

Jubel, Trubel . . .

. . . Heiterkeit: Traumvorstellung einer gelungenen Geburtstagsfete. Wird häufig gar nicht, zu spät oder nur auf Kosten eines veritablen Katers erreicht, der die Erinnerung an das Ereignis am nächsten Morgen unangenehm trübt. Echter Jubel entstand früher allenfalls beim Geburtstag gekrönter Häupter (Kaiser Wilhelm zwo), Ausbruch eines Krieges (1914), heute dagegen beim Gewinn einer Fußball(welt)meisterschaft oder dergleichen.

jung

Höchst relativer Begriff (siehe Bild!).

K

Kaffee-Tafel

Nonplusultra und festlicher Höhepunkt eines Geburtstags für alle, auf

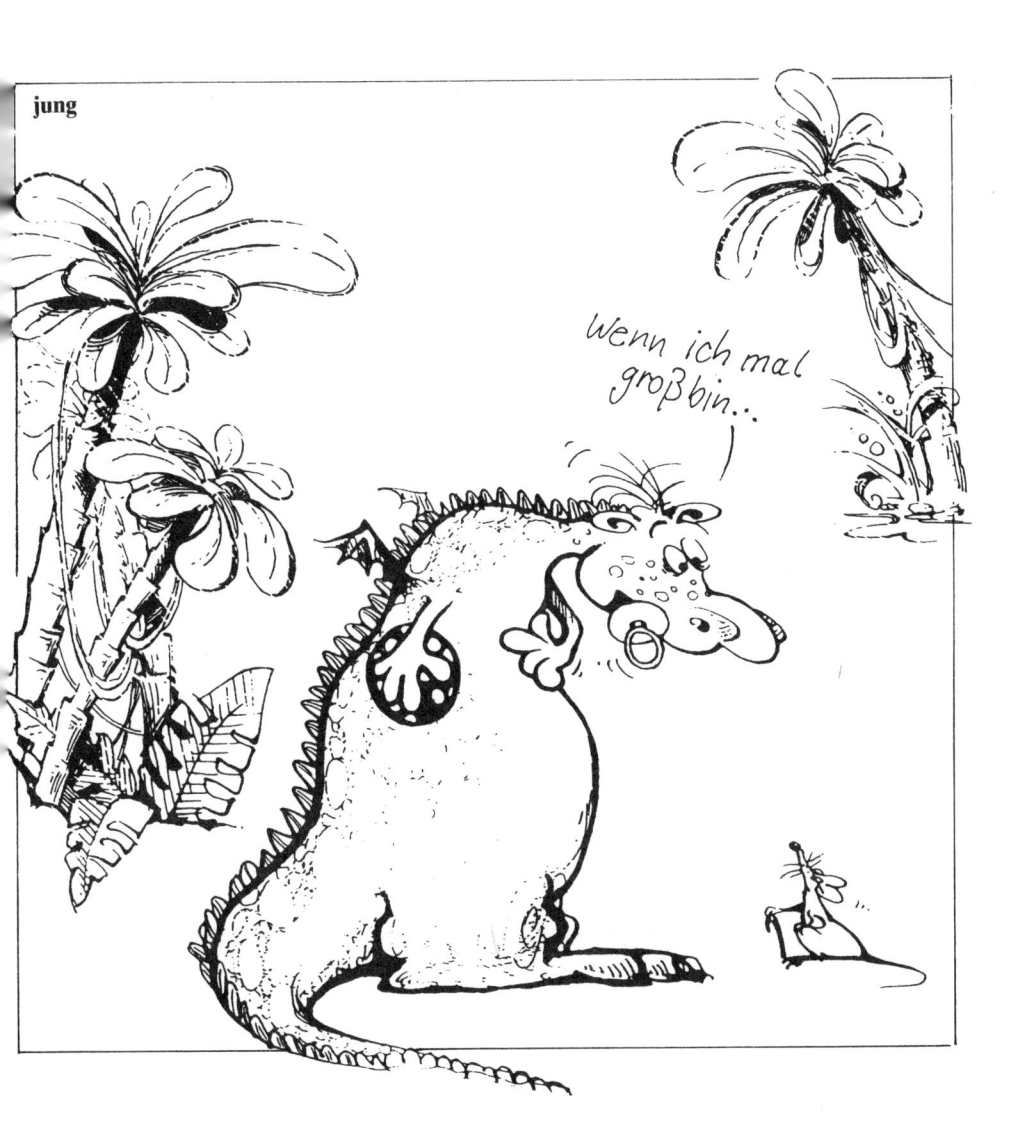

jung

Wenn ich mal groß bin…

die Udo Jürgens' Torten-Song „Aber bitte mit Sahne!" gemünzt ist. Wenn man dem Werbefernsehen Glauben schenkt, trägt die Wahl der richtigen Kaffeesorte entscheidend zum Gelingen eines solchen gemütlichen Treffens von Damen oder Verwandten bei. Die kluge Hausfrau stellt sich auf geschmäcklerische Feinheiten ein, indem sie nicht nur verschiedene Kuchen-, sondern auch Kaffee- und Teesorten kredenzt.

Kerzen ausblasen

Symbolischer Akt, bei dem das Geburtstagskind gehalten ist, möglichst mit einem Atemzug alle aufgesteckten Kerzen auf der Geburtstagstorte auszublasen. Dieser alte Brauch wird ein um so schwierigeres Unterfangen, je älter der/die Betreffende ist. Der Volksmund hat daraus die Redewendung „Ja, Pustekuchen!" gemacht, um (laut Duden) auszudrücken: „Aber nein, gerade das Gegenteil von dem, was man sich vorgestellt oder gewünscht hat, ist eingetreten." Ausweg: mehrmals pusten.

Ketchup

Dickflüssige Tomatensoße, die auf keinem Kinder-Geburtstag fehlen darf, an dem die beliebten „Pommes" die früher übliche, ebenfalls gut sättigende Kartoffelsalat-Gabe ersetzen. Bei Geburtstagsfeiern Erwachsener allenfalls auf Grillfesten zu Bratwürsten oder als Beigabe zu Spareribs beim Mitternachts-Snack erlaubt, es sei denn, es sind auch amerikanische Gäste geladen. Für sie wäre ein Essen ohne Ketchup bekanntlich eine echte Zumutung.

Kreis, kleiner

Begriff, der sich auf die Anzahl der eingeladenen Gäste bezieht, reicht je nach Bedeutung des Geburtstagfeiernden von drei bis fünfzig Personen.

Ketchup

Kuh, blinde

Gesellschaftsspiel, das seinen Ursprung auf Kindergeburtstagen findet, aber um so lieber gespielt wird, je älter die Spieler und Spielerinnen sind.

L

Landpartie

Zu Uromas und Uropas Zeiten eine der beliebtesten Möglichkeiten, Geburtstage im Sommer zu verbringen. Man fuhr mit Pferd und Wagen ins Grüne. Entsprechend begrenzt war der Aktionskreis. Heutzutage enden Geburtstagsausflüge, die in München beginnen, nicht selten auf der Zugspitzspitze oder dem Großen Arber, von Hamburg aus auf Sylt. Eine gute Gelegenheit, die meiste Zeit im Auto zu verbringen, des Deutschen, Österreichers und Schweizers liebstem Kind.

Lebzeiten, zu

Eine Spanne von Jahren, deren Dauer den Lebenden unbekannt ist. Weshalb auch viele mit dem kostbaren Gut so umgehen, als gäbe es unbegrenzt viel davon. „Halte alle Stunden zusammen!" rät der römische Philosoph Seneca. „Ergreife das Heute, so wirst du weniger vom Morgen abhängen. Indem man das Leben verschiebt, eilt es vorüber. Alles ist fremdes Eigentum, nur die Zeit gehört uns . . ." Der Ratschlag ist 2000 Jahre alt und aktueller denn je.

Liebe, lieber . . .

Beginn der Anrede bei Gratulationsbriefen, mit denen der Adressat durch lobende Worte, guten Zuspruch und beste Wünsche erfreut werden soll, und zwar handschriftlich. Im Zeitalter von Telefon und Schreibmaschine und grassierender Schreibfaulheit werden derartige

Lebzeiten, zu

Moped

Anforderungen als zunehmend lästig empfunden. Ersatz bieten Glückwunschkarten, die all das ausdrücken, was man selbst gern gesagt hätte, wenn es einem eingefallen wäre. Der weitere Vorteil: Bei den meisten genügt die eigene Unterschrift.

Linie, schlanke

Äußeres Erscheinungsbild eines Menschen, das den meisten, vor allem den Frauen, als höchst erstrebenswert gilt, um so mehr, je älter sie werden. Jede Geburtstagsfeier, besonders wenn sie mit einer sogenannten „Kuchenschlacht" verbunden ist, gilt als Anschlag auf die Taille, ist entsprechend verpönt – und wird deshalb als erlaubte Ausnahme von der Regel besonders genossen.

M

Magen, verdorbener

Gehörte und gehört zu einem gelungenen Kindergeburtstag einfach dazu.

Moped

Heißer Geburtstagswunsch bei Teenagern, mit dessen Erfüllung sich Eltern unabhängig von ihrem Geldbeutel äußerst schwertun: Sie wissen, wieviel mehr Gefahren ihrem Kind im Straßenverkehr nunmehr drohen. Die vielen Mopeds mit Teenagern im Sattel beweisen, daß die Liebe der Eltern (und der Druck, dem sie ausgesetzt sind) die Angst offenbar doch überwiegt.

Musikwunsch

Wird von Rundfunkanstalten aller Sendegebiete zur Feier von Geburtstagen gern entgegengenommen. Falls nicht irgendein noch auf deutsch gesungener Oldie unter die abgespielten Scheiben rutscht, geraten diese Sendungen zum kostenlosen Englisch-Unterricht, von dem allerdings niemand etwas hat, weil niemand die Texte versteht.

Mutter

Hauptperson bei jedem Geburtstag – doch wird sie auch entsprechend gewürdigt?

=====*N*=====

Nabel

Hochsensibler Punkt, an dem bis zur Geburt des Menschen die Nabelschnur endete, die ihn mit dem Blutkreislauf der Mutter verband. Auch wenn die sogenannte „Abnabelung" in den ersten Lebensminuten erfolgt – für eine richtige Mutter dauert dieser Prozeß ein Leben lang. Mutterliebe strömt weiter, wie aus einem schier unversiegbaren Quell. Deshalb sollte am Geburtstag der Kinder eigentlich vor allem die Mutter gefeiert werden; zumindest hochleben lassen müßte man sie (siehe Bild!).

Neuanfang

Einschnitt im Leben eines Menschen, häufig mit guten Vorsätzen gepflastert. Geburtstage, vor allem „runde", sind beliebter Anlaß für einen solchen Neuanfang, erweisen sich in der Regel allerdings als noch ungeeigneter als gewöhnliche Tage: Wer nimmt schon ausgerechnet an seinem Geburtstag Abschied von seinen Lastern, Schwächen und Unarten?

Nidation

Augenblick, in dem sich das befruchtete Ei in der Gebärmutter ein-

"Wenn ich geahnt hätte, daß du so leidest, Mutti, hätte ich Gabi nicht gebeten, meine Wäsche zu waschen!"

Ort der Geburt

nistet und sich zu entwickeln beginnt: die „Geburtssekunde" jedes Menschen müßte gefeiert werden. Es fragt sich nur wann.

Nostalgie

Menschliche Anwandlung, die Vergangenheit schöner zu finden als die rauhe Wirklichkeit der Gegenwart. Überfällt heute schon Dreißigjährige wie ein Schock, verklärt ab siebzig jede Erinnerung.

O

offiziell

Bezeichnung für eine Geburtstagseinladung, bei der es dann meistens auch so zugeht.

Oldie

Für Teenager: Mann über dreißig, aber nicht unbedingt so beliebt wie ein alter Schlager.

originell

Gern zur Klassifizierung von Geburtstagsgeschenken verwendetes Eigenschaftswort, das nur leider äußerst selten trifft.

Ort der Geburt

Kann sich niemand aussuchen, genausowenig wie die Eltern, sollte deshalb weder Grund zur Überheblichkeit noch für Minderwertigkeitsgefühle sein.

P

Party-Service

Segensreiche Erfindung der Wohlstandsgesellschaft. Liefert alles, was gewünscht wird: von Anchovis bis zum Zahnstocher, vom Festzelt bis zum Butler. Nur feiern muß man noch selbst.

Paten

Taufzeugen, die ursprünglich vor allem für die christliche Erziehung eines Kindes mitverantwortlich sein sollten, die „zweiten Eltern" gewissermaßen. Inzwischen ist die Wahl der Paten weniger eine Frage ihrer christlichen Gesinnung als ihres Geldbeutels, nach dem alten Motto „Wer schnell gibt, gibt doppelt". Pateneltern haben gegenüber richtigen den für Geburtstagskinder wichtigen Vorteil, für die eigentliche Erziehung eben nicht selbst verantwortlich zu sein. Sie dürfen ihre Schützlinge nach Herzenslust verwöhnen und verziehen. Das sichert ihnen am ehesten einen hohen Grad an Beliebtheit – bis ins hohe Alter hinein.

Pelz

Früher bei Damen ab einem bestimmten Alter ungemein beliebtes Geburtstagsgeschenk, mit dem allerdings nur Geburtstagskinder rechnen konnten, die in Wintermonaten geboren worden sind und dann noch – ab fünfzig von Außenstehenden meistens unbemerkt – „runde" Geburtstag feierten. Seit das Kürschnergewerbe unter der Mitleidswelle zu leiden hat und sogar Pelze von Zuchtnerzen nicht mehr so gefragt wie früher sind, haben eher die Juweliere die Nase vorn: Der Einkaräter feiert fröhliche Urständ.

Pfänderspiel

Auf Kindergeburtstagen äußerst beliebtes Gesellschaftsspiel, das Erwachsene als eine Art Striptease gern weiter spielen würden, wenn Sitte und Anstand nicht dagegen stünden. Dem Dilemma hilft das private Fernsehen in deutschsprachigen Ländern zumindest Sonntag spätabends ab und verwandelt auf diese Weise biedere Familienväter in Voyeure.

Pelz

Pizza-Service

Pflichttanz

Die ersten Hopser auf der Tanzfläche, die traditionsgemäß von den Veranstaltern einer Geburtstagsfete getan werden müssen, wenn der sogenannte „gesellige Teil" des Abends beginnt, obliegt den eingeladenen männlichen Gästen ebenfalls – mit der Hausfrau. Je attraktiver sie ist, desto eher wird aus Pflicht Vergnügen.

Pizza-Service

Käfer-Ersatz für kleine Geldbeutel.

Präsent

Gräßliche Erfindung, die seit altersher Voraussetzung für den Besuch eines Geburtstages ist. Seine Auswahl bereitet um so größeres Kopfzerbrechen, je wohlsituierter der Einladende im Verlauf seines Lebens wird. Wenn einer schon alles hat, darf auf sogenannte „kleine Geschenke", die bekanntlich die Freundschaft erhalten, ausgewichen werden – z. B. auf dieses Buch.

R

Rede

Das Bedürfnis, das Geburtstagskind coram publico durch Reden zu ehren, nimmt begreiflicherweise zu, je älter der oder die Betreffende wird. Während Dreißigjährige womöglich noch vergeblich auf lobende Worte ihrer Freunde warten müssen, können Vierzigjährige bereits fest damit rechnen, und ab fünfzig müssen Rednerlisten aufgelegt werden, um dem Andrang redelustiger Gäste gerecht werden zu können. Am schwersten zu ertragen sind in der Regel die verkannten Dichter, die nach dem Motto „Reim dich, oder ich freß dich!" ihre Laudatio in Versform vortragen. Solange die

Festgäste noch nicht vollständig gesättigt sind, empfiehlt es sich, die Rede kurz zu halten und schnell mit dem Satz zu schließen: „So erheben wir denn unser Glas . . . Hoch, hoch, hoch!"

Reise

Wer die Strapaze einer Geburtstagsfeier nicht auf sich nehmen und keine Reden über sich anhören möchte, dem bleibt nur die frühzeitige Flucht, die Reise in ein möglichst fernes Land. Doch wer feiert ihn dort? Wer läßt ihn aus ganzem Herzen hochleben? Wildfremde Menschen, flüchtige Urlaubsbekanntschaften? Nein, nein, so richtig der Eitelkeit schmeicheln, das können nur die Freunde daheim.

Runder Geburtstag

Beliebte Pflichtübung ab dreißig: das große Geburtstagsfest, das alle zehn Jahre stattfindet. Ab 60 darf der Rhythmus auf fünf Jahre verkürzt werden. Mit fortschreitendem Alter wird der Kreis der Freunde, bei denen es sich „rundet", immer größer: ein fünfzigster oder ein sechzigster Geburtstag jagt den anderen. Originalität ist gefragt bei der Ausgestaltung des Festes. Was tun, wenn schon alle Möglichkeiten ausgeschöpft sind, von der Dampferpartie über den Tanzwagen der Bundesbahn bis hin zum Feuerwerk vor einem historischen Gasthaus, das bei der Gelegenheit gleich abbrannte? Nicht verzagen, Partyservice fragen!

S

Säfte

Geldbeutelschonender Ersatz für alkoholische Getränke. Erfreuen sich auf Geburtstagspartys immer größerer Beliebtheit, tragen aber

Reise

Smoking

nicht unbedingt zum Anheizen der Stimmung bei. Wenn die fröhlichen Zecher bereits auf den Tischen tanzen, brillieren die Gäste mit dem klaren Kopf noch mit geschliffenen Analysen der aktuellen Situation (siehe auch „Stammtisch"!).

Sekt

Schaumwein deutscher oder anderer, meistens aber nicht französischer Provenienz. Knallt genauso laut, wenn der Korken vom Draht befreit wird, wie der echte Champagner. Der Gastgeber von Welt hält sich seine Hausmarke nach der Devise „Einen guten teuren Wein kann jeder kredenzen, einen guten preiswerten zu servieren – das ist die Kunst!"

Singen

Gesangliche Darbietung, zu vorgerückter Stunde häufig ein zwingendes Bedürfnis bei Männern, die sich nichts mehr zu sagen haben.

Smoking

Bei allen sogenannten „Schwarzweiß-Einladungen" die Party-Uniform des Mannes, die er in der Regel nicht mit derselben Begeisterung anlegt wie die ihn begleitende Frau das dazu angesagte Abendkleid. Vom Durchschnittsmann, der nicht dem Jet-Set angehört, erwartet niemand, daß er mehr als einen Smoking im Schrank hat. So ist der Smoking ein untrüglicher Indikator für die Vergänglichkeit männlicher Schönheit: Sobald sein Besitzer nicht mehr hineinpaßt, blüht ihm zum Schaden noch der Spott seiner Frau.

Sonntagskind

Von Alters her gilt jemand, der am Sonntag geboren ist, als vom Glück besonders begünstigt. Im Zeitalter der Wehenmittel und der am Wochenende personell unterbesetzten Entbindungsanstalten ist die Chance, noch als Sonntagskind zur Welt zu kommen, ein noch größerer Glücksfall als früher.

Sperrstunde

Segensreiche Einrichtung des Gesetzgebers, die verhindert, daß Geburtstagsfeiern in Gaststätten nicht nahtlos in den Brunch am nächsten Tag übergehen können.

Stammtisch

Wohl dem, wohl der, die einen haben! An geschmücktem Platz zu sitzen und sich zutrinken zu lassen – was hat ein Geburtstag an aufregenderen Höhepunkten zu bieten?

sündigen

Verschämte Bezeichnung für jede Form der Völlerei, die mit den heutzutage bei älteren Semestern üblichen genußeinschränkenden Maßnahmen nicht zu vereinbaren ist. Wer auf Diät ist und bei einer geburtstäglichen Kuchenschlacht zuschlägt, hat zugegebenermaßen doppelten Genuß.

T

Tanzen

Unerläßlicher Höhepunkt aller Geburtstagsfeiern, falls sie nicht gerade von sogenannten „Tanzmuffeln" veranstaltet werden. Dabei handelt es sich vorwiegend um Männer, die entweder nicht tanzen können oder im Laufe der Jahre zu faul dazu geworden sind. Die lemmingartige Vermehrung dieser Spezies hat Tanzmusik hervorgebracht, nach der man auch allein tanzen kann.

sündigen

"Ich kann selber auf mich achten!"

Tanzwagen

Segensreiche Erfindung der Deutschen Bundesbahn, durch die die Palette der Möglichkeiten zur Feier von „runden" Geburtstagen um eine originelle Variante bereichert worden ist. Wer einen solchen Sonderwagen mietet, kann sicher sein, daß sein Geburtstagsfest auf jeden Fall mit „Open end" gefeiert werden kann – im Zielbahnhof auf dem Abstellgleis.

Tischordnung

Bei sogenannten „gesetzten" Essen überaus lästige und überaus schwierige Aufgabe der Gastgeber, die richtigen Partner an der Tafel zusammenzubringen. Clevere Gastgeber lassen den Zufall Regie führen: Sie lassen die Herren aus einem Kartenspiel eine Karte ziehen, die Damen eine Karte aus einem zweiten. Wer die gleichen Karten hat, sitzt zusammen – das zwingt zu überraschenden Kombinationen.

Torte

Ein Muß bei allen Kindergeburtstagen, das ein Leben lang schöne Gewohnheit bleibt: Die Geburtstagstorte mit den brennenden Kerzen. Alle auf einmal auszublasen, soll Glück bringen, wird deshalb auch mit jedem vollendeten Jahrzehnt schwieriger.

U

u.A.w.g.

Kürzel auf Einladungskarten, mit dem der Einladende signalisiert, daß er nicht unbedingt mit einer Zusage rechnet.

Umlage

In Firmen übliche Geldsammlung, mit der Kollegen Jahr für Jahr ein Geburtstagsgeschenk für denjenigen finanzieren, der gerade „dran" ist – unmißverständliche Aufforde-

Umlage

vergessen

...ich hatte sogar ein Geschenk für Dich...

rung an den Jubilar, einen auszugeben. Je größer die Abteilung, desto mehr Spaß bringt die Übung.

Umtauschwunsch

Überfällt den Beschenkten spätestens, wenn er alle zum Geburtstag überreichten Angebinde Revue passieren läßt, und meistens nicht nur einmal. In der Regel läßt er sich nicht erfüllen; denn die Kassenbons liegen nicht dabei. So bleibt nur die Möglichkeit, Unerwünschtes weiterzuverschenken. Gilt nicht als feine Art!

V

Vasen

Zählen zu den beliebtesten Geburtstagsgeschenken, mit denen vor allem weibliche Geburtstagskinder beglückt werden, sobald sie einen eigenen Hausstand haben. Ein Klebeetikett unterm Fuß mit dem Namen der Schenkerin (Männer schenken selten Vasen) informiert auch nach längerer Zeit, von wem das gute Stück stammt. Leider gehen erfahrungsgemäß die häßlichsten Vasen als letzte entzwei.

Vater

Standesamtlich registrierter Erzeuger des Geburtstagskindes, dem in der Regel noch weniger Aufmerksamkeit gilt als der Mutter, obgleich ohne ihn und seinen Einsatz aber rein gar nichts zu feiern wäre.

vergessen

Daß Geburtstage selbst von nächsten Angehörigen schlicht vergessen werden, hat einen ganzen Industriezweig stark belebt: die Glückwunschkarten-Hersteller. Origineller kann man sein Bedauern inzwischen allerdings mit diesem Buch ausdrücken!

Verwandte, liebe

Die einzigen Besucher, die auch ohne Einladung zu einem Geburtstag kommen können; wobei sich kinderlose Erbtanten besonderer Beliebtheit erfreuen.

Vorsätze, gute

Werden am Geburtstag gefaßt und übers Jahr vergessen, getreu dem Motto: „Der Weg zur Hölle ist mit guten Vorsätzen gepflastert!"

=====*W*=====

Werdegang

Inhaltsschwerer Teil der Rede, mit der „runde" Geburtstage ab dem 40sten vor allem bei Männern zu großartigen Würdigungen hochstilisiert werden. Der Jubilar hört besser still zu und schweigt – weiß er doch besser als alle anderen, mit wievielen Fehlern und Irrtümern selbst die steilste Karriere erkämpft werden mußte.

Wesensverwandte

Begrüßt jeder an seinem Geburtstag am allerliebsten.

Wetten, daß...?

...sich die meisten Gäste bis kurz vor Schluß den Kopf darüber zerbrochen haben, über welches Geschenk sich der zu Feiernde wohl am meisten freuen würde?

Wickelkind

Das einzige Geburtstagskind, das noch keine Freude über ein Geschenk zu heucheln braucht, das ihm eigentlich gar nicht gefällt.

Vorsätze, gute

Wiegenfest

Eine in Grußadressen zum Geburtstag gern verwendete Floskel, speziell des passenden Reimes wegen: „Zum Wiegenfeste nur das Allerbeste!" Reimt sich auf „Gäste", „weiße Weste", „Reste", „Teste", „Veste", bietet sich deshalb zur vielseitigen Verwendung in Gästebüchern an.

Wunschliste

Wunderbare Erfindung, die Kindern vor Weihnachtsfesten und Geburtstagen geheimste Wünsche entlockte. Die Wohlstandsgesellschaft hat sie neu entdeckt: Zur Befriedigung von Bedürfnissen, die gar keine sind. Aber wie sonst beschenkt man jemanden, der schon alles hat?

Wünsche, die besten

Standardformulierung in allen Glückwunschbriefen und auf allen Karten, die von den Herstellern häufig bereits entsprechend vorbeschriftet werden. Daß sie in solch einem Buch nicht fehlen dürfen, versteht sich von selbst!

Würde

Unentbehrliche Attitüde für Frauen, die sich entschlossen haben, gern älter zu werden.

===== *X* =====

Xenien

Begleitverse zu Gastgeschenken, die sich jeder, der dieses Buch verschenkt, guten Gewissens sparen kann.

Wunschliste

Zärtlichkeit

Y

Yohimbin

Alkaloid aus der Rinde eines westafrikanischen Baumes, das seine Aufnahme in dieses Glückwunschbuch seinem Anfangsbuchstaben verdankt. Yohimbin gilt als potenzförderndes Aphrodisiakum, das bestimmt gern zu Geburtstagen aller Altersstufen verschenkt werden würde, wenn man sicher sein könnte, daß es etwas nützt.

Z

Zahn

Eine Art von Nagetier im Dienste der Zeit, die an niemandem spurlos vorübergeht. Sprichwörtlich im Dienste der Zeit tätig, die mit seiner Hilfe an jedem nagt, ob ihm das nun paßt oder nicht.

Zärtlichkeit

Begehrtestes Geschenk, mit dem nur selten wirklich großzügig umgegangen wird.

Zäsur

Runde Geburtstage werden grundsätzlich als eine solche empfunden. Dabei endet der Tag davor auch nicht viel anders als der danach – es sei denn, frisch gefaßte gute Vorsätze würden tatsächlich verwirklicht... Womit locker der Übergang zum nächsten Begriff gegeben ist:

Zellteilung

Die eigentlich Schuldige am unablässigen Alterungsprozeß.

Zukunft

Zigarette

Früher einmal äußerst begehrtes, inzwischen in Verruf geratenes Genußmittel, daß sich trotz gestiegener Preise und intensiven Anti-Raucher-Kampagnen dennoch gut am Markt behaupten kann. Als Raucher ausgerechnet am eigenen Geburtstag mit dem Rauchen aufzuhören, verlangt mehr Disziplin, als irgendjemand aufzubringen imstande ist. Deshalb tut man besser daran... was? Das soll lieber jeder für sich selbst entscheiden.

Zufriedenheit

Das höchste menschliche Gut, deshalb so selten anzutreffen. Wer es als Gratulant gut mit dem zu beglückwünschenden Geburtstagskind meint, wünscht ihm diese Fähigkeit ohne jedes Wenn und Aber.

Zukunft

Sie hat meistens schon einen Tag vorher begonnen, nur merken wir es selbst einen Tag darauf noch nicht. In diesem Sinne: Herzlichen Glückwunsch zum Geburtstag! Gesundheit und Zufriedenheit!

Wenn's Dir nicht gefällt ich kann's zufällig ganz gut gebrauchen!

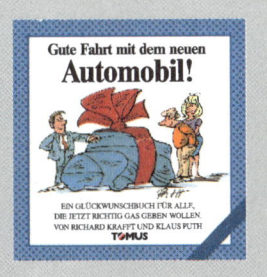

TOMUS BÜCHER MACHEN SPASS

Jeder Band hat 72 Seiten mit 35 Karikaturen. Format: 16 x 16 cm; DM 14,80 / öS 115,– / sFr 14,80

TOMUS BÜCHER MACHEN SPASS